FSC
www.fsc.org
MIXTO
Papel procedente de
fuentes responsables
Paper from
responsible sources
FSC® C105338

AF210833

ISBN 9788411744324 © Eve Stars, 2023

Impresión y editorial: BoD – Books on Demand
info@bod.com.es – www.bod.com.es
Impreso en Alemania – Printed in Germany

Este libro pertenece a este extraordinario, apasionado y especial Tauro:

Tauro

21 DE ABRIL – 20 DE MAYO

ERES **PACIENTE** Y DECIDIDO,
CARIÑOSO Y FIEL.
REFLEXIVO Y APASIONADO.
UNO DE LOS MÁS
PERSISTENTES DEL ZODIACO.
TE GUSTA SENTIRTE ENAMORADO

PRÁCTICO

CELOSO

RESPETUOSO

TRANQUILO

ESTABLE

INFLEXIBLE

ERES UN SIGNO DE **TIERRA**,
FIRME, CON MUCHA FUERZA
DE VOLUNTAD Y...

PRUDENTE,

ERES EL

MÁS **SENSUAL**

DEL ZODIACO

TU EMPLAZAMIENTO NATURAL
ES LA **SEGUNDA** CASA,
LA CASA DE LOS **RECURSOS**.

DINERO, AHORRO, DEUDAS,
HABILIDADES, TALENTOS.

Elementos de Tauro

COLORES: AZUL, CREMA, VERDE VIVO.

VÍSTETE CON ESTOS COLORES CUANDO QUIERAS LIGAR Y SERÁS IRRESISTIBLE (SI ES POSIBLE SERLO AÚN MÁS)

PIEDRAS: ESMERALDA, CORAL, LAPISLÁZULI.

CUANDO TROPIECES DOS VECES, COMO SUELES HACER, QUE SEA AL MENOS CON ALGUNA DE ESTAS PIEDRAS

ÁRBOLES: FRESNO, CIPRÉS, MANZANO.

ABRÁZATE A UNO DE ESTOS ÁRBOLES CUANDO ESTÉS DE BAJONA. TE QUIEREN

FLORES: ROSA, AMAPOLA, VIOLETA.

LOS RAMOS DE ROSAS SE INVENTARON PARA TI

Hablemos claro, Tauro

RECONÓCELO, ERES UN POCO TOZUDO Y MANTIENES CASI SIEMPRE TU OPINIÓN RÍGIDA E INAMOVIBLE. TE GUSTA LA ESTABILIDAD Y POR ESO TE CUESTA ACEPTAR LOS CAMBIOS Y ADAPTARTE. NO OBSTANTE, CUANDO LLEGAN, TE ENFRENTAS A ELLOS CON DECISIÓN, NO TE PERMITES EL LUJO DE HUNDIRTE EN LOS MOMENTOS DELICADOS PORQUE TU FUERZA DE VOLUNTAD, PERSEVERENCIA E INSISTENCIA SON MÁS FUERTES QUE TU MIEDO.

ERES UNA PERSONA PRÁCTICA Y PRUDENTE, HUYES DE LAS PRISAS Y ODIAS LAS INTERRUPCIONES.
ERES UN AHORRADOR NATO Y REHUYES LAS DEUDAS.

SUELES SER UNA PERSONA PACÍFICA, TRANQUILA Y CON UN ENORME SENTIDO DE LA JUSTICIA.

TE ENCANTA EL ARTE, LA MÚSICA Y TODO LO QUE CON-

SIDERAS BELLO. PUEDE DECIRSE QUE ESTÁS **ENAMORADO DE LA VIDA**: TE ENCANTAN SUS PLACERES, EL LUJO Y LA BUENA COMIDA Y BEBIDA. DE HECHO, A VECES DEBES ESFORZARTE PARA NO DEJARTE LLEVAR POR LA TENTACIÓN DE SATISFACER EN EXCESO ESTOS GUSTOS.

TE ENCANTA SENTIRTE SEGURO, TIENES BUEN CORAZÓN Y ERES MUY **CARIÑOSO**. TE GUSTAN LAS COSAS NATURALES Y LA COMODIDAD. DISFRUTAS CON TIEMPO PARA REFLEXIONAR Y TE APASIONA SENTIRTE ATRAÍDO HACIA ALGUIEN.

PUEDES SER **CELOSO Y POSESIVO** Y TIENES TENDENCIA A SER INFLEXIBLE Y RESENTIDO. A VECES PECAS DE SER CODICIOSO Y DE PERMITÍRTELO TODO. NO TE GUSTAN LAS PRISAS Y NO SOPORTAS ESTAR DEMASIADO TIEMPO EN CASA.

EVITAS LOS CONFLICTOS Y LOS DISGUSTOS Y PREFIERES EL BUEN HUMOR Y LA ESTABILIDAD. NO OBSTANTE, SI PIERDES LOS NERVIOS, ERES CAPAZ DE TENER UN GENIO TAN FURIOSO QUE SORPRENDE A TODOS.

ERES **SENSUAL** PERO PRÁCTICO, FIEL Y CONSIDERADO.

Amuletos para Tauro

¿CREEMOS EN LAS FUERZAS OCULTAS? ¡SÍÍÍÍ! ¿Y CREEMOS EN LOS AMULETOS? ¡TAMBIÉÉÉÉN! PUES TIRA YA ESA PATA DE CONEJO RANCIA, ESTOS SON LOS AMULETOS QUE TE AYUDARÁN A CONSEGUIR TODAS TUS METAS.

LOS AMULETOS MÁS PODEROSOS PARA LOS NACIDOS BAJO EL SIGNO DE TAURO SON LOS QUE TIENEN QUE VER CON LA NATURALEZA, Y EN CONCRETO CON EL CAMPO Y EL TRABAJO DE LA TIERRA: RUEDAS DE CARRETAS, PIEZAS DE MOLINO, HERRADURAS... TEN CERCA DE TI O EN TU HOGAR UNA DE ESTAS PIEZAS Y ATRAERÁS EL TRABAJO Y LA BONANZA EN TU VIDA, Y SALVAGUARDARÁS A LOS QUE AMAS DE CUALQUIER DOLOR O SUFRIMIENTO.

COLOR BLANCO. EL PLANETA REGENTE DE TAURO ES VENUS, Y AMBOS SE ASOCIAN CON EL COLOR BLANCO: EL COLOR DE LA PUREZA PARA ALGUNOS, DE LOS NUEVOS

COMIENZOS, DE LOS PACTOS, DE LA SERENIDAD. TAURO VERÁ EN ESTE COLOR LO QUE LA VIDA ES PARA ÉL: UN CONSTANTE TRABAJO POR CREAR, POR LLENAR ESPACIOS CON SENTIDO Y RESPONSABILIDAD. EL BLANCO, ADEMÁS, ES EL COLOR MÁS PERMEABLE A LAS ENERGÍAS POSITIVAS QUE TANTO NECESITA UN TAURO EN SUS MÚLTIPLES DEBERES. VÍSTELO, ÚSALO, LLENA TU MUNDO CON ÉL.

ORO EN EL FONDO DEL TRABAJO DE UN TAURO HAY UNA DESMEDIDA AMBICIÓN: LA DE QUIEN CREE QUE CON SU ESFUERZO PUEDE CAMBIAR AL MUNDO. Y, EN EFECTO, PARA TU VOLUNTAD NO HAY LÍMITE, Y TODOS TUS SUEÑOS SE PUEDEN CUMPLIR POR INALCANZABLES QUE PAREZCAN EN UN PRIMER MOMENTO. TAURO QUIERE IR EN PRIMER LUGAR, Y EL METAL QUE SE ASOCIA CON ESE ÉXITO ES, SIN DUDA, EL ORO. LLEVA UNA JOYA U OBJETO DE ESTE METAL (AUNQUE SÓLO SEA SU COBERTURA) Y SIEMPRE ESTARÁS UN PASO ADELANTE.

ESMERALDA: ESTA ROCA DE BRILLO ESPECIAL SIEMPRE SE HA CREÍDO QUE DOMINA Y SERENA LA PARTE ANIMAL QUE LLEVAMOS DENTRO. LO CIERTO ES QUE ANTE SU PRESENCIA LOS TAURO OS SENTIRÉIS RELAJADOS Y SERENOS, CON MENOS PRESIÓN Y MAYOR ENTEREZA

ANTE LOS PROBLEMAS QUE SURGEN AL PASO DE QUIEN QUIERE TRAZAR CAMINOS EN DONDE NO EXISTEN. ÚSALA EN UN ANILLO, UN COLGANTE O UNOS PENDIENTES, Y SENTIRÁS CÓMO SU PODER TE LLENA DE LA CALMA QUE SE NECESITA EN PLENA TORMENTA.

LIRIO. LA BLANCURA DE ESTA FLOR ES A LA VEZ UN HOMENAJE PARA VENUS Y UNA VISIÓN QUE HABLA DE LA SENSUALIDAD Y LA ENERGÍA CONSTRUCTORA QUE LLENA EL CORAZÓN DE LOS TAURO. ESTA FLOR SERÁ EL MEJOR AMULETO PARA QUE LLENES DE ENERGÍA TU HOGAR. SANA Y POTENCIA TU CREATIVIDAD E IMPIDE QUE LAS ENERGÍAS NEGATIVAS TOMEN TUS ESPACIOS.

AMULETO DOMÉSTICO PARA TAURO

EL ANILLO ES EL OBJETO DE PODER QUE MÁS SE RELACIONA CON VENUS, Y ES EL QUE DEBES CONSAGRAR PARA OBTENER MAYOR ÉXITO Y TRANQUILIDAD EN TU VIDA. ELIGE UN ANILLO PARA QUE SEA TU AMULETO, Y EN EL DÍA DE VENUS (EL VIERNES) AL AMANECER, COLÓCALO EN UN RECIPIENTE DE METAL ACOMPAÑADO DE HOJAS Y CORTEZAS. DÉJALO TODO EL DÍA RODEADO DE VELAS BLANCAS. UNA VEZ QUE SE CONSUMA PONLO EN TU DEDO, Y ESTARÁS PROTEGIDO.

Tus miedos

FIEL Y SERENO, AMANTE ATENTO, PADRE/MADRE AMOROSA, LOS TAURO SOIS UNA MUESTRA DE QUE EL CUMPLIMIENTO DE LAS OBLIGACIONES Y HONRAR LAS PROMESAS NOS NUTRE Y NOS HACE CRECER. SIN EMBARGO, EN ESA FORTALEZA ABUNDA TU DEBILIDAD: A TAURO LE HACE FALTA CIERTA INMOVILIDAD, UNA MESETA EN DONDE CONTEMPLAR LA VIDA QUE TE HAS GANADO. TE GUSTA EL AMOR SIN SOBRESALTOS, LOS RELATOS SIN SALIDAS DE TONO, LA FALTA DE SORPRESAS. SÍ: NO TE LLEVAS BIEN CON LOS CAMBIOS.

¿A QUÉ LE TEMES?
PARA TI LA NOVEDAD Y EL CAMBIO DE TIMÓN SON ALERTAS DE CUIDADO, PUES CUALQUIER MODIFICACIÓN EN LAS CIRCUNSTANCIAS O CONTRATOS DE LA VIDA SON MOTIVO DE ALARMA. LO PRIMERO QUE HACES ANTE LOS MOVIMIENTOS SORPRESIVOS ES CULPARTE A TI MISMO: ¿QUÉ HE HECHO MAL PARA QUE DEJEN DE AMARME? ¿QUÉ ME HA FALTADO PARA QUE NO ME CONSIDEREN? ¿QUÉ ESFUERZO REQUERÍA

ACOMETER PARA QUE NO SE MODIFICASE LO QUE YO YA HABÍA HECHO?

PARA TI TODO CAMBIO ES EVIDENCIA DE QUE HAS HECHO ALGO MAL O HAS DEJADO DE HACER LO QUE DEBERÍAS. INCLUSO REACCIONAS ASÍ ANTE LOS CAMBIOS QUE PODRÍAN CONSIDERARSE POSITIVOS, QUE TE BENEFICIAN. ESTA TENDENCIA TE LLEVA, INCLUSO, A DESAPROVECHAR BUENAS OPORTUNIDADES POR TEMOR A NO SER CAPAZ DE ADAPTARTE.

EN UNA SOCIEDAD DESPIADADAMENTE COMPETITIVA, LA EXIGENCIA DE ADAPTABILIDAD ES UNA NORMA A LA QUE NOS SOMETE TODOS LOS DÍAS: O NOS ADAPTAMOS Y NOS MOVEMOS CON LA OLA, O SOMOS DESECHADOS. ESE ES EL RIESGO EL TAURO, QUE NO SE IMPONE A SU MIEDO AL CAMBIO.

QUIETECITO ESTOY MÁS GUAPO

¿CÓMO PUEDES VENCER TUS MIEDOS?

DEBES APRENDER A VALORARTE A TI MISMO ANTES QUE A LA VALORACIÓN QUE TIENES DE TU TRABAJO Y DE TUS LOGROS.

ANTE TUS PROPIOS OJOS, NUNCA HACES LO SUFICIENTE PARA MERECERTE UNA VIDA DIGNA. ESTO, DESDE LUEGO, ES UNA OPINIÓN SUBJETIVA E INJUSTA, QUE NO REFLEJA LA REALIDAD.

SI VALORAMOS LO QUE SOMOS, SABREMOS QUE EL CAMBIO NO PUEDE DEJARNOS INERTES. SI SABEMOS DE QUÉ ESTAMOS HECHOS, SABREMOS CON QUÉ HABILIDADES CONTAMOS PARA SOBREPONERNOS A CUALQUIER CAMBIO DE RUMBO.

TODO TAURO POSEE LO QUE HACE FALTA PARA ADAP-TARSE Y SER FELIZ, SEA CUALES SEAN LOS CAPRICHOS DE SU ENTORNO.

RECUERDA: NO HAY CIRCUNSTANCIA A LA QUE NO ESTÉS LLAMADO A SOBREVIVIR.

Los robles más
fuertes crecen
con el viento
en contra.

Hablemos de lo que importa: el AMOR

ERES UNA PERSONA MUY FUERTE, CON UNA PERSONALIDAD UN TANTO ESTÁTICA Y POCO FLUCTUANTE, POR LO GENERAL ERES MUY AMOROSO PERO TAMBIÉN PUEDES SER CELOSO Y SOBREPROTECTOR, POR LO QUE UN RATO DE AMOR INTENSO CON UN TAURO PUEDE REPRESENTAR UNA ATADURA INVISIBLE CON UN ANIMAL SALVAJE DISPUESTO A PISOTEAR A QUIEN SEA POR SU ATENCIÓN Y ATRACCIÓN.

EN EL AMOR TE MANTIENES FIRME EN TU POSICIÓN DE SEGURIDAD Y FORTALEZA SIENDO UNO DE LOS SIGNOS QUE MÁS CONFIANZA GENERAN HACIA ELLOS MISMOS, "OBLIGANDO" A TUS PAREJAS A ESTAR EN UN NIVEL SIMILAR DE ESTATUS QUO, ES DECIR, LAS PERSONAS QUE SALEN CONTIGO, TIENEN QUE TENER UN PUNTO DE CONFIANZA EN SÍ MISMOS SIMILAR AL TUYO.

ERES UNA PERSONA MUY TEMPERAMENTAL Y, COMO EN

EL RESTO DE LAS ÁREAS DE TU VIDA, NO TE GUSTAN LOS CAMBIOS DE PLANES SORPRESIVOS. PUEDES INCLUSO ESTALLAR EN CÓLERA SI DE PRONTO TE CAMBIAN LOS PLANES.

ERES MUY **BUEN AMANTE** BRIOSO E INTENSO, BUSCAS SIEMPRE MOSTRAR TU CAPACIDAD DE COMPLACER Y NO PARARÁS HASTA QUE AMBOS QUEDÉIS SATISFECHOS PARA SACAR TU PECHO Y PODER ANDAR CON LA CABEZA MUY ALTA, SABIENDO QUE TU PAREJA QUEDÓ COMPLETAMENTE SATISFECHA EN LA INTIMIDAD Y QUE A SU VEZ, LOGRASTE CONSEGUIR TODO EL PLACER Y ATENCIÓN QUE REQUERÍAS COMO BUEN ANIMAL POTENTE QUE ERES.

ERES **MUY FIEL** POR ESO UNA VEZ QUE TE SIENTES A GUSTO CON ALGUIEN PUEDES ESTABLECER UNA RELACIÓN MUY DURADERA.

VAS A TU RITMO Y TE GUSTA HACER TODO CON TIEMPO. POR ESO NO SOPORTAS QUE TE PRESIONEN Y MUCHO MENOS QUE LO HAGA TU PAREJA.

EN DEFINITIVA, EN EL AMOR ERES INTENSO, ENTREGADO, CARIÑOSO, LEAL Y PACIENTE.

CULTIVA LA TOLERANCIA ENTENDER QUE TODAS LAS PERSONAS POSEEN DEFECTOS Y VIRTUDES ES UNA FORMA REALMENTE ADULTA DE ENCARAR EL TIPO DE RELACIÓN AMOROSA QUE UN TAURO PRETENDE.

EN TU VIDA AMOROSA NO TODO SERÁ EXACTAMENTE COMO HABÍAS IDEALIZADO Y TENDRÁS QUE APRENDER A ACEPTAR CIERTOS HÁBITOS Y COSTUMBRES DE TU PAREJA QUE NO SIEMPRE SERÁN IDÉNTICOS A LOS TUYOS. SÉ MÁS FLEXIBLE, PERMANECE ABIERTO A QUE ENTREN EN TU VIDA PERSONAS QUE QUIZÁS LA PONGAN UN POCO PATAS ARRIBA Y QUE PRECISAMENTE GRACIAS A ELLO, TE LA ENRIQUECERÁN.

PERMÍTETE CONFIAR NADIE ESTÁ EXENTO DE SER ENGAÑADO O SER VÍCTIMA DE UNA INFIDELIDAD EN LA VIDA. PERO VIVIR SUPONIENDO ENGAÑOS Y TRAICIONES, SENCILLAMENTE NO ES UN MODO POSITIVO DE LLEVAR UNA RELACIÓN. SI DESEAS QUE TUS RELACIONES TRANSITEN POR CAMINOS SANOS DEBERÍAS APRENDER A RELAJARTE Y CONFIAR PORQUE NINGUNA PAREJA SUBSISTIRÁ A BASE DE DUDAS Y SOSPECHAS CONSTANTES.

COMPATIBILIDAD ENTRE SIGNOS

TAURO Y TAURO

LA COMPATIBILIDAD ES MUY ALTA. HAY UNA BASE MUY SÓLIDA PARA LA RELACIÓN. SOIS PRÁCTICOS Y NO OS COMPLICÁIS DEMASIADO.

LA ENERGÍA SOCIABLE Y CARIÑOSA DE VENUS CONTRIBUIRÁ A UN PRIMER ENCUENTRO MÁGICO. OS SENTÍS CÓMODOS EN COMPAÑÍA DE OTRO TAURO.

VUESTRO PRIMER ENCUENTRO SE PUEDE PRODUCIR EN ALGÚN EVENTO SOCIAL O ARTÍSTICO, PORQUE VENUS RIGE TAMBIÉN EL ARTE, LA MÚSICA, LA MODA Y LA JOYERÍA Y LOS TAURO OS SENTÍS ATRAÍDOS POR ESTAS CUESTIONES. COMPARTÍS UN FUERTE AMOR POR EL HOGAR Y LA FAMILIA. HAY UNA ALTA COMPATIBILIDAD SEXUAL. LOS DOS SOIS MUY ROMÁNTICOS, OS GUSTA DEMOSTRAR AMOR, AMAR Y SENTIROS AMADOS.

CONSEJO PARA HACER QUE FUNCIONE (¡AÚN MEJOR!)

DEBIDO A VUESTRA RESISTENCIA AL CAMBIO PODÉIS ENTRAR, SIN DAROS CUENTA, EN UN PATRÓN DE COMPORTAMIENTO DE DEJADEZ, INSATISFACCIÓN O ABURRIMIENTO. CUIDAD LA CHISPA PARA QUE ESTO NO OCURRA.

⭐ TAURO Y GÉMINIS

LA COMPATIBILIDAD NO ES MUY ALTA PORQUE HAY ALGUNAS DIFERENCIAS IMPORTANTES EN LAS MOTIVACIONES Y PERSONALIDADES BÁSICAS DE AMBOS SIGNOS.

TAURO AVANZA EN LA VIDA CON PASO FIRME Y ACOMPASADO. NO TIENE PRISA POR LLEGAR A NINGUNA PARTE Y POSEE UN ELEVADO GRADO DE ESTABILIDAD. GÉMINIS EN CAMBIO, PREFIERE SALTAR DE UNA COSA A OTRA, PUDIENDO LLEGAR A SER INQUIETO E IMPACIENTE. TAURO SE PUEDE CANSAR DE LA INCAPACIDAD DE GÉMINIS, PRIMERO, PARA COMPROMETERSE Y DESPUÉS, PARA MANTENER SU COMPROMISO.

EN EL LADO POSITIVO, TAURO SE SENTIRÁ ATRAÍDO POR LA INTELIGENCIA, EL INGENIO Y LAS APTITUDES MENTALES DE GÉMINIS. Y ÉSTE, RESPETARÁ LA FUERZA Y DETERMINACIÓN DE TAURO. AMBOS TENDRÉIS SIEMPRE MUCHO DE QUÉ HABLAR Y PASARÉIS HORAS DISFRUTANDO DE LA COMPAÑÍA DEL OTRO.

A NIVEL SEXUAL, TAURO PUEDE SER MÁS LENTO QUE GÉMINIS, QUE DEBE TOMARSE SU TIEMPO.

 CONSEJO PARA HACER QUE FUNCIONE

TAURO, CONTROLA TU ANSIA DE POSESIÓN. GÉMINIS, APRENDE DE LAS LECCIONES DE COHERENCIA DE TAURO.

 TAURO Y CÁNCER

ESTA COMBINACIÓN ES UNA DE LAS MÁS COMPATIBLES. AMBOS DISFRUTÁIS DEMOSTRANDO VUESTRO AFECTO Y CUANDO LOS DOS ESTÁIS DE BUEN HUMOR, ES UNA COMBINACIÓN IRRESISTIBLE.

TAURO SIRVE COMO UN ANCLA PARA EL TEMPERAMENTO VARIABLE Y EMOCIONAL DE CÁNCER, SIENDO CAPAZ DE CALMAR SUS AGUAS. A SU VEZ, CÁNCER APORTA UN SENTIDO PRÁCTICO Y POCO SOFISTICADO A LA PAREJA Y ALIVIA LA TENSIÓN Y VOLATILIDAD DE TAURO.

EL PRINCIPAL PROBLEMA ES QUE AMBOS TENÉIS TENDENCIA A GRANDES CAMBIOS DE HUMOR, LO QUE PUEDE PROVOCAR PEQUEÑAS DISPUTAS.

LOS DOS SOIS SENSIBLES, OS GUSTAN LAS COSAS SENCILLAS DE LA VIDA Y PASAR MOMENTOS DE SOSIEGO JUNTOS EN UN AMBIENTE TRANQUILO Y HOGAREÑO.

EN LA CAMA, DISFRUTÁIS DE EXCITACIÓN SEXUAL Y CALIDEZ EMOCIONAL, ALGO ESPECIALMENTE IMPORTANTE PARA CÁNCER. LA COMPATIBILIDAD SEXUAL SERÁ ELEVADA.

 CONSEJO PARA HACER QUE FUNCIONE (¡AÚN MEJOR!)

RESPETAD EL ESPACIO DEL OTRO Y NO TOMÉIS DEMASIADO A PECHO LOS ENFADOS DE VUESTRA PAREJA.

TAURO Y LEO

LA PROBABILIDAD DE CONSTRUIR UNA BUENA RELACIÓN AMOROSA ES ALTA A PESAR DE VUESTRAS DIFERENCIAS. LA SUPREMACÍA QUE INTENTA IMPONER LEO SUELE SER UNA DIFICULTAD PARA CUALQUIER RELACIÓN. EN ESTE CASO, SE ENFRENTA A UNA PERSONALIDAD CON RASGOS FUERTES Y ESTRICTOS. TAURO TAMBIÉN PUEDE SER MUY PERSEVERANTE Y SEGURO DE SÍ MISMO, COSA QUE FASCINARÁ A LEO. ENCONTRARÉIS INTERESES COMUNES, YA SEA EN EL ESTUDIO, EL LUJO O EN LAS SALIDAS CON AMIGOS. POR MOMENTOS, LEO PUEDE ABURRIRSE DE LA MONOTONÍA DE TAURO Y NECESITARÁ ROMPER ESA TRANQUILIDAD CON UN POCO DE ADRENALINA. MIENTRAS EL LEÓN ES EXTROVERTIDO, TAURO PREFIERE EL SILENCIO Y LA REFLEXIÓN. LEO DESATA EL DESEO SEXUAL DE TAURO, PERO POR MOMENTOS, ESTO PUEDE PRIMAR Y TAURO PUEDE SENTIR QUE SUS NECESIDADES EMOCIONALES NO ESTÁN SIENDO SUFICIENTEMENTE ATENTIDAS.

 CONSEJO PARA HACER QUE FUNCIONE

TRABAJAD Y ESTAD DECIDIDOS A QUE VUESTRO AMOR SE IMPONGA SIN RECELOS Y SIN ANTEPONER CONDICIONES.

♥ TAURO Y VIRGO ★

LA COMPATIBILIDAD ES EXCELENTE. PODRÉIS DISFRUTAR DE UNA VIDA CON MUCHA ARMONÍA. A NINGUNO DE LOS DOS OS GUSTAN LAS EXTRAVAGANCIAS NI LAS INCONSISTENCIAS. EN VUESTRA RELACIÓN NO FALTARÁ DEDICACIÓN Y LEALTAD. LOS DOS SOIS SIGNOS DE TIERRA Y CUANDO SE COMBINA TIERRA CON TIERRA SE OBTIENE UNA BASE SÓLIDA.
OS ATRAÉIS MUTUAMENTE DE FORMA NATURAL.
LA CONEXIÓN KÁRMICA ES TAN FUERTE QUE MUCHAS PAREJAS VIRGO-TAURO SIENTEN COMO SI YA CONOCIERAN AL OTRO DE INCLUSO ANTES DE ENCONTRARSE.
VIRGO ES MÁS PERFECCIONISTA Y ABSORBENTE QUE TAURO POR LO QUE SE PUEDE SENTIR HERIDO CUANDO TAURO NECESITE SUS RATOS DE SOLEDAD O SILENCIO. POR SU PARTE, TAURO PUEDE ENCONTRAR AGOTADOR EL DESEO DE VIRGO DE ANALIZARLO TODO HASTA EL MÁS MÍNIMO DETALLE. COMPARTIRÉIS MUCHO PLACER SEXUAL, ALGO QUE PUEDE COMPENSAR OTRAS DEBILIDADES DE LA RELACIÓN.

★ CONSEJO PARA HACER QUE FUNCIONE (¡AÚN MEJOR!)

VIRGO DEBE DEJAR ATRÁS SUS DUDAS DE PERFECCIONISTA Y SENCILLAMENTE DISFRUTAR Y TAURO SER MÁS TOLERANTE.

TAURO Y LIBRA

LA COMPATIBILIDAD ENTRE LIBRA Y TAURO ES BAJA Y RECOMIENDO MUCHO ESFUERZO Y COMPRENSIÓN POR PARTE DE LOS DOS PARA HACER FUNCIONAR ESTA RELACIÓN. LO BUENO ES QUE A LIBRA Y A TAURO LES GUSTAN LOS RETOS (Y HACER PERDURAR ESTA RELACIÓN SUPONE, SIN DUDA, UN RETO MUY INTERESANTE).

LOS DOS ESTÁIS REGIDOS POR VENUS, POR LO QUE LA ATRACCIÓN ES INMEDIATA.

AMBOS QUERÉIS UNA VIDA LLENA DE PAZ Y ARMONÍA Y VUESTRA RELACIÓN SE CARACTERIZARÁ, POR TANTO, POR SU AMABILIDAD, TERNURA Y COMPASIÓN.

PODRÍAN SURGIR DIFICULTADES DEBIDO A LA NATURALEZA EXTROVERTIDA Y SOCIABLE DE LIBRA QUE ES TOTALMENTE OPUESTA A LA DE TAURO, A QUIEN LE GUSTA PASAR TIEMPO EN CASA RODEADO DE SUS SERES QUERIDOS.

 CONSEJO PARA HACER QUE FUNCIONE

SI LOS DOS OS MOSTRÁIS SENSIBLES CON EL OTRO Y COOPERÁIS, PODRÍA SER UNA RELACIÓN FELIZ: UN BUEN EQUILIBRIO DE ACTIVIDAD SOCIAL Y FELICIDAD DOMÉSTICA.

TAURO Y ESCORPIO

LA COMPATIBILIDAD ES ALTA. SOIS SIGNOS ZODIACALES OPUESTOS Y POR ESO OS ATRAÉIS MUTUAMENTE.

VUESTRO PRIMER ENCUENTRO PODRÍA SER SENCILLAMENTE INCREÍBLE Y A TAURO LE PODRÍA SORPRENDER LA PASIÓN QUE DESPIERTA LA PRESENCIA DE ESCORPIO.

A NIVEL INTELECTUAL NO CONECTÁIS TANTO PERO SI LO HACÉIS, YA PUEDE SER LA BOMBA.

AMBOS SOIS POSESIVOS Y TESTARUDOS, DE AHÍ SÍ PUEDEN SURGIR PROBLEMAS Y OS PODÉIS ENFRENTAR A MENUDO.

A LOS DOS OS CUESTA EXPRESAROS EMOCIONALMENTE.

AMBOS SOIS EXTREMADAMENTE FIELES Y LEALES Y POR ESO ESTÁIS CÓMODOS Y SEGUROS JUNTOS.

ESCORPIO NECESITA EXPRESAR SU AMOR A TRAVÉS DEL SEXO, MIENTRAS QUE TAURO PUEDE NECESITAR MÁS CARIÑO. ESCORPIO AYUDARÁ A TAURO A EXPLORAR LA PARTE DE SÍ MISMO EN LA QUE EL AMOR Y LA SENSUALI-DAD ALCANZAN SU PUNTO ÁLGIDO.

CONSEJO PARA HACER QUE FUNCIONE (¡AÚN MEJOR!)

NECESITÁIS APRENDER A ABRIROS EMOCIONALMENTE Y A DEJAROS ESPACIO MUTUAMENTE.

TAURO Y SAGITARIO

LA COMPATIBILIDAD ES BASTANTE BAJA PORQUE SOIS MUY DIFERENTES. SAGITARIO TIENDE A BASAR SU VIDA EN UNA FILOSOFÍA DE LIBERTAD Y ESPONTANEIDAD Y ES POCO PROBABLE QUE PUEDA DAR A TAURO LA SEGURIDAD QUE NECESITA. SAGITARIO TIENDE A CAMBIAR RÁPIDAMENTE Y A ADAPTARSE CON FACILIDAD, ALGO QUE A TAURO LE RESULTARÁ DIFÍCIL DE SEGUIR. ESTE CONSTANTE REAJUSTE SERÁ UN FACTOR CRUCIAL A LA HORA DE QUE CONSIGÁIS O NO HACER FUNCIONAR LA RELACIÓN.

SI LA TEMERIDAD DE SAGITARIO LLEGA A ALCANZAR UN EQUILIBRIO CON LA PRUDENCIA Y EL SENTIDO PRÁCTICO DE TAURO, LA RELACIÓN PODRÍA FUNCIONAR.

EN EL ASPECTO SEXUAL LAS COSAS SON MÁS FAVORABLES YA QUE SOIS SEXUALMENTE COMPATIBLES. A TRAVÉS DE LAS RELACIONES ÍNTIMAS TAURO DESCUBRIRÁ EL LADO MÁS PROFUNDO Y COMPASIVO DE SAGITARIO.

 CONSEJO PARA HACER QUE FUNCIONE

TAURO DEBERÁ APRENDER A DEJAR ESPACIO A SAGITARIO Y ÉSTE DEBERÁ INTENTAR CONTROLAR DE ALGÚN MODO SU NATURALEZA INQUIETA Y DESPREOCUPADA.

TAURO Y CAPRICORNIO

COMPATIBILIDAD MUY ALTA. TENÉIS MUCHO EN COMÚN Y PODÉIS SER MUY FELICES JUNTOS. EL SENTIDO PRÁCTICO DE CAPRICORNIO SE LLEVA BIEN CON LA ACTITUD REALISTA DE TAURO. VUESTRA CONEXIÓN INICIAL SERÁ BUENA Y ENCONTRARÉIS MUCHAS SIMILITUDES CON VUESTRA PAREJA.

LA RELACIÓN ESTARÁ BASADA EN LA CONFIANZA, FIDELIDAD Y COMPROMISO. AL RESPETAR CADA UNO DE ESTOS ASPECTOS NUNCA EXISTIRÁN PROBLEMAS QUE SEAN MÁS FUERTES QUE VUESTRA UNIÓN.

EN EL PLANO SEXUAL, DEBERÉIS TRABAJAR MÁS DURO, YA QUE CAPRICORNIO PUEDE RESULTAR UN POCO SERIO Y RETRAÍDO, MIENTRAS QUE TAURO TIENE UNAS NECESIDADES SEXUALES MUY MARCADAS. NO OBSTANTE, DEBIDO A QUE CONFIÁIS TANTO EL UNO EN EL OTRO, NO DEBERÍA SER UN PROBLEMA Y CON EL TIEMPO CAPRICORNIO SERÁ CAPAZ DE ENTRAR EN UNA NUEVA FASE DE PLACER SEXUAL.

CONSEJO PARA HACER QUE FUNCIONE (¡AÚN MEJOR!)

APRENDER LA TÉCNICA DE ENTRETENEROS JUNTOS, DE LO CONTRARIO LA MONOTONÍA E INCLUSO, EL ABURRIMIENTO PODRÍAN ENTRAR EN LA RELACIÓN.

TAURO Y ACUARIO

LA COMPATIBILIDAD NO ES MUY ALTA PERO TIENE ALGUNAS POSIBILIDADES SIEMPRE Y CUANDO AMBOS ESTÉIS DISPUESTOS A ESFORZAROS PARA QUE FUNCIONE.

PARA TAURO ES FUNDAMENTAL LA SEGURIDAD, LA ESTABILIDAD Y LA CONTINUIDAD DE LAS COSAS. SON PERSONAS DESCONFIADAS ANTE LOS CAMBIOS Y MUY CONSERVADORES. ESTO PUEDE CHOCAR CON ALGUNAS IDEAS Y CON EL VOLUNTARISMO, LA ACCIÓN COLECTIVA Y LA LIBERTAD DE ACUARIO.

LA TESTARUDEZ DE TAURO COMBINADA CON LA RIGIDEZ DE ACUARIO PUEDE PROVOCAR TAMBIÉN NO POCOS PROBLEMAS. EL ANSIA DE POSESIÓN Y LOS CELOS DE TAURO SERÁN TAMBIÉN DEMASIADO PARA ACUARIO.

PODRÉIS COMPARTIR UNA INTIMIDAD SEXUAL PROFUNDA Y MUY ESPECIAL, YA QUE ACUARIO AYUDARÁ A TAURO A DESCUBRIR UN LADO MÁS PROFUNDO DE SU NATURALEZA Y A OBTENER MÁS SATISFACCIÓN DEL SEXO.

 CONSEJO PARA HACER QUE FUNCIONE

HACED UN ESFUERZO POR ACOMODAR VUESTRAS DIFERENCIAS Y NO SENTIROS AMENAZADOS POR ELLAS.

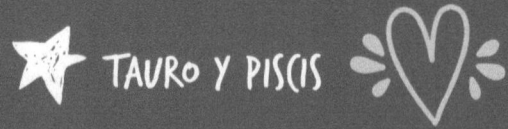

TAURO Y PISCIS

LA COMPATIBILIDAD ES MUY BUENA. SI UNA PAREJA TAURO-PISCIS DECIDE SEPARARSE, LO MÁS SEGURO ES QUE LOGREN CONSERVAR UNA EXCELENTE AMISTAD QUE PUEDE INCLUSO LLEGAR A INCOMODAR A FUTURAS PAREJAS. AMBOS TENÉIS UNA ACTITUD MUY COMPRENSIVA Y UNA PERSONALIDAD BASTANTE AMIGABLE, LA CUAL TIENDE A PECAR DE SER DEMASIADO DESPREOCUPADA. A AMBOS OS PARECE IMPORTANTE MANTENER LA ARMONÍA EN LA RELACIÓN, POR LO QUE LAS PELEAS NO SON FRECUENTES. PISCIS MOSTRARÁ APOYO Y BENEVOLENCIA HACIA TAURO Y GRANDES DOSIS DE TERNURA, QUE HARÁN QUE TAURO SE SIENTA COMPLETAMENTE ATRAÍDO HACIA PISCIS. Y ÉSTE APRENDERÁ NUEVAS COSAS DE TAURO, COMO EL VALOR DE EQUILIBRAR SU VIDA ESPIRITUAL CON EL SENTIDO PRÁCTICO. SEXUALMENTE LA RELACIÓN SERÁ MUY INTERESANTE, AL ENCONTRARSE EL MUNDO ESPIRITUAL DE PISCIS CON EL MUNDO RACIONAL DE TAURO. SALTARÁN CHISPAS.

CONSEJO PARA HACER QUE FUNCIONE (¡AÚN MEJOR!)

APERTURA MENTAL PARA COMPLEMENTAR VUESTRAS PERSONALIDADES Y CRECER JUNTOS.

TAURO Y ARIES

LA COMPATIBILIDAD ES MUY BUENA. A PRIMERA VISTA HAY DIFERENCIAS ENTRE VOSOTROS QUE PUEDEN SUPONER TODO UN RETO DE CARA A UNA RELACIÓN A LARGO PLAZO. ARIES ES ESPONTÁNEO Y POLÉMICO, MIENTRAS QUE TAURO ES MÁS PARADO Y TRANQUILO Y PREFIERE UN RITMO MÁS PAUSADO. SI AMBOS OS AMÁIS LO SUFICIENTE COMO PARA ABSORBER VUESTRAS CUALIDADES OPUESTAS, GANARÉIS MUCHO COMO PERSONAS Y COMO PAREJA. ARIES SE VOLVERÁ MÁS EQUILIBRADO Y TAURO MÁS ENÉRGICO. ARIES PUEDE SER BASTANTE CAMBIANTE E IMPREDECIBLE Y EN CAMBIO TAURO SUELE SER POSESIVO Y DEPENDIENTE. DE AHÍ, QUE PUEDA HABER ALGUNAS DISCUSIONES CUANDO TAURO SE VEA RELEGADO POR LA IMPREVISIBILIDAD DE ARIES. TAURO NECESITA ESTAR SEGURO DE QUE SU PAREJA ESTÁ COMPROMETIDO TOTALMENTE CON LA RELACIÓN.

CONSEJO PARA HACER QUE FUNCIONE (¡AÚN MEJOR!)

TAURO, APROVECHA EL EMPUJE DE ARIES PARA AVANZAR HACIA METAS CONJUNTAS Y ARIES, APRENDE DE LA ESTABI-LIDAD DE TAURO PARA DISFRUTAR DE LA RELACIÓN MÁS RELAJADAMENTE.

CÓMO ENAMORAR A LOS OTROS SIGNOS

INDEPENDIENTEMENTE DE LA CLARIFICADORA INFORMACIÓN PREVIA, EL AMOR VIENE ASÍ DE ESTA MANERA, Y TE HAS ENAMORADO DE OTRO SER HUMANO (ESPERO), AQUÍ VAN LOS CONSEJOS INFALIBLES PARA QUE TAURO ENAMORE A CADA UNO DE ELLOS:

ARIES: TIENES QUE SABER QUE TE ESTÁS ACERCANDO A UNO DE LOS SIGNOS MÁS AVENTUREROS E IDEALISTAS DEL ZODÍACO ASÍ QUE NO LO ABURRAS CON TU EXCESO DE REALISMO O NECESIDAD DE CONTROLAR Y ORGANIZARLO TODO. INTENTA SER ESPONTÁNEO Y DEJARTE LLEVAR POR SU FANTASÍA.

TAURO: SÓLO TIENES QUE SER TÚ MISMO. RODÉALO DE PLACERES SENSUALES: SALIDAS ROMÁNTICAS Y TRANQUILAS, INTIMIDAD, CONTACTO FÍSICO, COMIDAS RICAS, MÚSICA Y BELLEZA. MIENTRAS DISFRUTÁIS, IRÉIS DESCUBRIENDO QUE SOIS EL UNO PARA EL OTRO. HÁBLALE DE TUS METAS Y PROYECTOS; TE ADMIRARÁ POR TU DETERMINACIÓN Y ESFUERZO.

GÉMINIS: NECESITARÁS MUCHO AMOR Y PACIENCIA PARA ENAMORARLO, Y ESO ES JUSTAMENTE LO QUE TE SOBRA. NO TE RELAJES Y TRATA DE SEGUIRLE UN POCO EL RITMO.

SI ERES DEMASIADO REALISTA Y SERIO, LO ABURRIRÁS. TAMPOCO PRETENDAS ATARLO AL PRINCIPIO, A GÉMINIS LE CUESTA ENTREGARSE. SEDÚCELE A TRAVÉS DEL CONOCIMIENTO Y LA INTELECTUALIDAD.

CÁNCER: LO ENAMORARÁS A TRAVÉS DEL ROMANCE, LA PASIÓN, EL COMPROMISO Y LA ENTREGA. TÚ ERES PERFECTO PARA OFRECERLE ESTABILIDAD Y UNA VIDA HOGAREÑA Y TRANQUILA. FOCALIZA TU FORTALEZA EN PROTEGERLO, SÉ PARA ÉL UNA FUENTE DE SEGURIDAD, COMPRENSIÓN Y CARIÑO. RECUERDA QUE CÁNCER ES SÚPER SENSIBLE, TRÁTALO CON SUAVIDAD.

LEO: TENDRÁS QUE CEDER YA QUE LEO ES EL REY Y NO LE AGRADARÁ PERDER SU TRONO. DÉJALO CREER QUE DOMINA LA SITUACIÓN, SOBRE TODO EN REUNIONES SOCIALES. TENDRÁS QUE CONTROLAR TUS CELOS PORQUE LEO SIEMPRE BRILLA Y LLAMA LA ATENCIÓN. EN LA INTIMIDAD, PODRÁS TOMAR LAS RIENDAS A TRAVÉS DE LA PASIÓN, LA TERNURA Y LA SENSUALIDAD, DEBILIDADES DEL LEONCITO.

VIRGO: LO ENAMORARÁS CUANDO SEPA QUE PUEDES PROPORCIONARLE UNA BASE SÓLIDA PARA UNA RELACIÓN FÍSICA, EMOCIONAL Y MENTAL. HAZLE SABER QUE NO

SÓLO OS UNE LA PASIÓN Y LA CONEXIÓN SEXUAL, SINO TAMBIÉN LA NECESIDAD DE FIDELIDAD Y COMPROMISO. COMPARTÍS EL GUSTO POR EL ARTE, LOS VIAJES, LOS PLACERES SENSUALES, LA COMIDA. PUEDES EMPEZAR A SEDUCIR A VIRGO POR AHÍ.

LIBRA: LO SEDUCIRÁS A TRAVÉS DEL GUSTO POR LOS PLACERES SENSUALES, LA BELLEZA Y EL ARTE. AL PRINCIPIO LIBRA JUEGA Y SE DIVIERTE, NO LE GUSTA SER ATRAPADO Y SÓLO DISFRUTA. ASÍ QUE CONTROLA TU NECESIDAD DE POSESIÓN Y NO INTENTES ATARLO AL INSTANTE. AL IGUAL QUE TÚ, VALORA LA SERENIDAD EN SU VIDA. TRANSMÍTELE TU PAZ.

ESCORPIO: TENDRÁS QUE TENER PACIENCIA PARA CONQUISTARLO, NO TE DEMOSTRARÁ CARIÑO FÁCILMENTE. LO SEDUCIRÁS A TRAVÉS DE LA CONEXIÓN SEXUAL, TU FRANQUEZA Y TU INDEPENDENCIA. NO LE GUSTA LO FÁCIL, ASÍ QUE HAZTE UN POCO EL MISTERIOSO AL PRINCIPIO.

SAGITARIO: TENDRÁS QUE ENTENDER QUE ES LIBRE Y ETÉREO Y TENER MUCHA PACIENCIA. CONTROLA TUS CELOS Y NO LE PROPONGAS UNA RELACIÓN EXCLUSIVA AL PRINCIPIO, PORQUE HUIRÁ. PARA ATRAERLO, COMPARTE

CON ÉL EXPERIENCIAS NOVEDOSAS Y PLACENTERAS. PROCU-
RA NO ABURRIRLO CON TU RACIONALIDAD TERRENAL.

CAPRICORNIO: ERES PERFECTO PARA ROMPER EL HIELO Y
MOTIVAR A LA CABRA, YA QUE LE INSPIRAS CONFIANZA Y
PROTECCIÓN. SE SIENTE SEGURO CERCA DE UNA PERSONA
RACIONAL Y REALISTA COMO TÚ. SÓLO TIENES QUE RELA-
JARTE Y SER TRANSPARENTE CON ÉL, HASTA QUE COM-
PRENDA QUE HABLÁIS EL MISMO IDIOMA.

LOVE

ACUARIO: TENDRÁS QUE SALIR DE LA ZONA DE CONFORT Y
ANIMARTE A ROMPER REGLAS. ACUARIO NECESITA EVOLUCIO-
NAR Y ACTUAR PARA CAMBIAR EL ORDEN ESTABLECIDO. TEN-
DRÁS QUE DESAPEGARTE DE LA TRADICIÓN Y ACOMPAÑARLO.
ACUARIO NECESITA SALIR, IMAGINAR, PROYECTAR, RELACIO-
NARSE. NO INTENTES ATRAPARLO, PROCURA RELAJARTE Y
DISFRUTAR DEL VÉRTIGO JUNTO A ÉL.

PISCIS: LO ENAMORARÁS SI TU PERSONALIDAD FUERTE Y
DOMINANTE SE FOCALIZA EN PROTEGERLO, COMPRENDERLO
Y CONTENERLO. COMPARTÍS EL GUSTO POR LA BELLEZA, EL
ARTE Y EL SEXO, ASÍ QUE TE SERÁ FÁCIL SEDUCIRLO. TRÁTA-
LO SUAVE PERO APASIONADAMENTE, OFRÉCELE ROMANCE Y
SEGURIDAD, Y NO PODRÁ EVITAR IDEALIZARTE.

Tauro y el sexo

LA **ESTABILIDAD** EXCITA TU CONDUCTA SEXUAL. TU CARÁCTER ROMÁNTICO Y ORIENTADO A LA RELACIÓN TE HACE DISFRUTAR MUCHO MÁS SI TE SIENTES AMADO. COMO AMANTE, ADEMÁS, TE GUSTA SABER LO QUE EL OTRO ESTÁ PENSANDO.

DETALLES SENCILLOS COMO QUE TE MUESTREN AFECTO, COGERTE DE LA MANO O BESOS APASIONADOS ENCIENDEN TU LLAMA SEXUAL. EL SEXO PARA TI ES, EN ÚLTIMA INSTANCIA, LA DEMOSTRACIÓN DE LA DEVOCIÓN QUE SIENTES POR LA PERSONA QUE AMAS.

TAMPOCO LE HACES ASCOS A LOS REGALOS, ADEMÁS DISFRUTAS CON EL LUJO, ¡PERO TAMBIÉN CON LAS BARATIJAS! EN REALIDAD, VES EL PLACER COMO UN REGALO Y EL ORGASMO ES EL MEJOR QUE PUEDES RECIBIR.

UNA PROMESA DE LEALTAD ETERNA ES, SIN DUDA, EL MAYOR AFRODISÍACO PARA TI. NO SUELES TENER MUCHAS PAREJAS EN LA VIDA, PORQUE CUANDO AMAS LO HACES DE VERDAD Y PARA SIEMPRE.

EN LA CAMA TE ENCANTAN LOS PRELIMINARES, EL CARIÑO Y LAS CARICIAS. TAMBIÉN QUE TE ACARICIEN EL PELO Y LA CABEZA Y QUE TE BESEN EN LA NUCA. ERES MUY TRADICIONAL Y TE GUSTA HACERLO EN LA CAMA. TUS POSTURAS SEXUALES PREFERIDAS SON LAS CONVEN-CIONALES Y NADA DE COSAS DEMASIADO ATREVIDAS. AHORA BIEN, DICHO LO DICHO, ERES MUY FOGOSO Y APA-SIONADO.

LOS SIGNOS SEXUALMENTE MÁS COMPATIBLES SON VIRGO Y CAPRICORNIO QUE SON TAN CONSERVADORES COMO TÚ.
PISCIS Y ESCORPIO TE LLEVAN POR LAS NUBES PORQUE TE HACEN CRUZAR PUERTAS QUE POR TI MISMO NO CRU-ZARÍAS.

Tauro y el trabajo

ERES MUY INQUIETO Y NECESITAS TENER ÉXITO EN TODO LO QUE TE PROPONES. BUSCARÁS SIEMPRE TENER UNA PROFESIÓN QUE TE PERMITA SACAR TODO LO PRODUCTIVO Y PROFESIONAL QUE PUEDES LLEGAR A SER.

ESTÁS SIEMPRE MUY ENFOCADO Y SIGUES MUCHO TU INSTINTO, SOBRE TODO EN LOS PROYECTOS PERSONALES, DONDE SIEMPRE BRILLARÁS PORQUE NO ERES DE DEJAR LAS COSAS A LA MITAD Y LUEGO ABANDONARLAS, SINO QUE BUSCARÁS TODOS LOS MEDIOS PARA CONCRETAR LO QUE TE HAS PROPUESTO.

ES IMPORTANTE PARA TI SER CONSIDERADO COMO UN TRABAJADOR DE PRIMERA, YA QUE TE ESFUERZAS MUCHO POR LOGRAR LLEGAR A ESA META, NO POR UN AFÁN DE BRILLAR, SINO TAMBIÉN PORQUE NO TE IMAGINAS A TI MISMO COMO UN FRACASO, (QUE, DE HECHO, ES UNO DE TUS MAYORES TEMORES).

TE ENCANTA GENERAR DINERO Y PUEDES SER UN EX-
CELENTE ECONOMISTA O DEDICARTE A LLEVAR LA CON-
TABILIDAD DE UNA EMPRESA, ASÍ COMO TAMBIÉN SER UN
EXCELENTE INGENIERO COMERCIAL O ADMINISTRADOR DE
EMPRESA, LO QUE ADEMÁS TE DARÁ LA OPORTUNIDAD DE
CREAR TU PROPIO NEGOCIO Y MATERIALIZAR LOS PROYEC-
TOS QUE TIENES EN TU MENTE.

ERES UN SIGNO DE TIERRA, POR LO QUE SIEMPRE SERÁ
UNA BUENA IDEA TENER UN TRABAJO QUE REQUIERA EL
APRENDIZAJE DEL USO DE LOS SUELOS NO TE LLEVAS
MUY BIEN CON LA VIDA AL AIRE LIBRE, PERO SÍ PUEDES
HACERLO COMO TRABAJO Y SERÍAS MUY BUENO EN ELLO.
PUEDES ESTAR PERFECTAMENTE LIGADO A TRABAJOS DE
CONSTRUCCIÓN, YA SEA DE HOGAR O EDIFICIOS ENTEROS.

ERES BASTANTE METÓDICO Y SIEMPRE VAS A BUSCAR QUE
TODO LO QUE HAGAS SEA DE CALIDAD Y EXCLUSIVO, POR
LO QUE SI TE DEDICAS A UNA CARRERA QUE TENGA QUE
VER CON LA INDUSTRIA DE LA IMAGEN, TAMBIÉN TEN-
DRÁS BASTANTE ÉXITO.

NECESITAS DE LABORES QUE SE DESARROLLEN EN CLIMAS
SERENOS Y EN LO POSIBLE CON POCAS PERSONAS. TRABA-

JOS SERENOS Y SIN MUCHO MOVIMIENTO.

PUEDES DESARROLLARTE MUY BIEN EN EL MUNDO DEL
ARTE: LA MÚSICA, LA DANZA, EL CANTO, LA PINTURA,
LA ESCULTURA.

TAMBIÉN PUEDES DESTACAR EN ACTIVIDADES CULINARIAS
PUEDES CONVERTIRTE EN CHEF, COCINERO, CATADOR DE
VINOS, Y HASTA PROPIETARIO DE UN RESTAURANTE.
ESTO SE DEBE A TU PROFUNDO AMOR POR LA COMIDA Y
LOS BUENOS SABORES.

OTROS EMPLEOS QUE SE AJUSTAN A TU PERSONALIDAD
SON ARQUITECTO, AGENTE INMOBILIARIO O DISEÑADOR
DE INTERIORES.

VIRTUDES: PACIENTE, DIGNO DE CONFIANZA, TENAZ,
PRÁCTICO.

DEFECTOS: PEREZOSO, TESTARUDO, RUTINARIO.

EL TRABAJO SIN PRISA ES EL MAYOR DESCANSO PARA EL ORGANISMO
SOY EL ASTEROIDE SABIO Y TENGO UN MENSAJE PARA TI

Tauro y la amistad

ERES UNA PERSONA BASTANTE TRANQUILA ES DECIR, NO ERES PRECISAMENTE EL ALMA DE LA FIESTA, ¡PERO TAMPOCO ERES EL MÁS ABURRIDO! PARA TI LA AMISTAD ES IMPORTANTE, SIN EMBARGO, NO TE INTERESA TENER UN MILLÓN DE AMIGOS NI MUCHO MENOS SER EL MÁS POPULAR ENTRE ELLOS.

ERES UNO DE LOS MEJORES ANFITRIONES DEL ZODIACO. LA COMODIDAD ES UNA DE TUS CARACTERÍSTICAS, POR ESO PREFIERES RECIBIR A TUS AMIGOS EN TU CASA, ATENDERLOS DE LA MEJOR MANERA Y PASAR UNA VELADA INOLVIDABLE SIN LA NECESIDAD DE MOVERTE DE TU ZONA DE CONFORT. TU HOGAR SUELE SER EL CENTRO DE REUNIONES Y ENCUENTROS, LO QUE TE PERMITE TENER EL CONTROL DE LA SITUACIÓN Y SENTIRTE CÓMODO.

ESO SÍ, NO SUELES ABRIR LA PUERTA DE TU CASA NI TUS INTIMIDADES PERSONALES A CUALQUIER PERSONA. DEBE

PASAR UN TIEMPO PARA QUE ANALICES SI ESA PERSONA MERECE TU CONFIANZA Y TU AMISTAD.

SE TE PUEDEN CONFIAR LOS SECRETOS MÁS ÍNTIMOS, CONTIGO QUEDARÁN EN BUENAS MANOS. ERES MUY RESERVADO CON LOS ASUNTOS AJENOS.

ERES UN AMIGO MUY FIEL Y CARIÑOSO CON TUS AMIGOS, SIEMPRE INTENTARÁS ACONSEJARLES E IRÁS CORRIENDO AL RESCATE DE UNO DE ELLOS SI SE ENCUENTRA CON UN PROBLEMA GRAVE, PORQUE TÚ NO MIDES LO QUE ENTREGAS, SINO QUE DAS SIN MIRAR: LO QUE ES TUYO ES TAMBIÉN DE TUS AMIGOS.

HACES MUY BUENAS MIGAS CON CAPRICORNIO. CON VIRGO TIENES UNA RELACIÓN BASTANTE BUENA TAMBIÉN, YA QUE AMBOS LE DÁIS MUCHO VALOR A LAS RELACIONES ESTABLES Y A LA LEALTAD.

TIENES MUY BUENA RELACIÓN CON CÁNCER Y CON GÉMINIS VIVIRÁS GRANDES MOMENTOS DE RISAS Y ALEGRÍAS.

CON LEO Y ACUARIO, SIN EMBARGO, NO CONGENIAS MUY BIEN.

La página mágica

ESTE LIBRO ES MÁGICO, COMO TÚ, Y VIENE CON UN
REGALO: LA PÁGINA MÁGICA.
AUSPICIADO POR TUS PROTECTORES, PODRÁS FORMULAR
UN DESEO Y AL ESCRIBIRLO, EL DESEO SE CUMPLIRÁ EN
EL MOMENTO PRECISO.
CONCÉNTRATE, RESPIRA HONDO E INVOCA A VENUS Y A
TU ANILLO DE LA SUERTE.

EL DESEO SE CUMPLIRÁ

MI DESEO ES:

Consejos de vida para Tauro

AUNQUE NO TIENES PROBLEMAS PARA ADAPTARTE A DIVERSOS AMBIENTES Y ERES UNA PERSONA EDUCADA Y DE BUENOS MODALES, LO CIERTO ES QUE CUALQUIER COMENTARIO NEGATIVO QUE TE PLANTEEN RESPECTO A TU FORMA DE PENSAR O ACTUAR TE DESEQUILIBRA Y SACA A FLOTE TU MAL GENIO. PROCURA TOMAR LAS CRÍTICAS COMO APORTACIONES Y POSIBILIDADES DE SUMAR HABILIDADES Y NUEVAS PERSPECTIVAS A TU FORMA DE SER, EN VEZ DE TOMARLAS COMO AGRESIONES.

NECESITAS TENER TU DÍA A DÍA RIGUROSAMENTE ORGANIZADO Y SI ES POSIBLE, LA VIDA ENTERA TAMBIÉN PERO LO CIERTO ES QUE LA VIDA ES DINÁMICA, QUE TODO PUEDE CAMBIAR DE UN MOMENTO A OTRO Y SÓLO SALE AIROSO QUIEN SE ADAPTA. TAURO, DÉJATE LLEVAR POR LAS CIRCUNSTANCIAS: VERÁS QUE A MENUDO LAS COSAS QUE NO PLANEAS PUEDEN SER LAS MÁS INTERESANTES Y ENRIQUECEDORAS.

EN EL PLANO DE LAS RELACIONES AMOROSAS ERES POSE-SIVO, CELOSO Y DESCONFIADO. CUALQUIER ACTITUD DE TU PAREJA, HASTA LA MÁS INOCENTE, PUEDE GENERAR UN MAR DE DUDAS Y UN TORBELLINO DE CELOS, LA MAYORÍA DE LAS VECES SIN FUNDAMENTO ALGUNO. ESTA CARAC-TERÍSTICA TUYA PUEDE LLEVAR A ASFIXIAR A TU PAREJA AL PUNTO DE MALOGRAR UNA RELACIÓN CON FUTURO POR TU DESCONFIANZA E IMPOSIBILIDAD DE RELAJARTE Y CONFIAR.

COMIENZA YA A EJERCITAR LA AUTO VALORACIÓN PARA COMPRENDER QUE SI ALGUIEN TE ELIGE Y TE AMA, ESA CIRCUNSTANCIA NO ESTÁ CONSTANTEMENTE EN RIESGO POR EL SIMPLE HECHO DE QUE TU PAREJA SE RELACIONE CON OTRAS PERSONAS O TENGA SU PROPIA VIDA. ESPERAR FIDELIDAD Y LEALTAD ESTÁ MUY BIEN EN TODA RELACIÓN PERO CUANDO LOS CELOS TRASPASAN CIERTA LÍNEA SE PUEDE RECAER EN RELACIONES PATOLÓGICAS QUE A NADIE HACEN BIEN, EMPEZANDO POR TI MISMO.

SI FUERAS MÁS CONSCIENTE DEL VALOR QUE TIENES Y LO QUE LOS DEMÁS TE ADMIRAMOS, PODRÍAS VER LA INUTILI-DAD DE ALGUNOS DE TUS SUFRIMIENTOS.

POR FAVOR, SUELTA LASTRE Y VIVE APASIONADAMENTE.